Der eine und der andere

Szenische Dialoge
für den deutschen Sprachunterricht

von Helmut Müller

Klett Edition Deutsch

Compact-Cassette

zu **Der eine und der andere**

Die Dialoge stehen auch auf Compact-Cassette zur Verfügung. Unter Mitwirkung des Goethe-Institutes wurden sie von Schauspielern der Kammerspiele München gesprochen und geben Vorbilder für eigenes Nach-, Aus- oder Umgestalten.

Compact-Cassette. Sprechzeit ca. 62 min. Klettnummer 55897

Gedruckt auf Recyclingpapier, hergestellt aus 100% Altpapier.

1. Auflage   1 8 7 | 1995 94 93 92

Alle Drucke einer Auflage können im Unterricht nebeneinander benutzt werden, sie sind untereinander unverändert. Die letzte Zahl bezeichnet das Jahr dieses Druckes.
© Verlag Klett Edition Deutsch GmbH, München 1975.
Umschlaggestaltung: G. Ullmann / E. Dambacher
Druck: Niethammer, Reutlingen, Printed in Germany
ISBN 3-12-558900-2

Vorwort

Mit den szenischen Dialogen wird ein neuartiger Zugang zur Erziehung von Sprechfertigkeit gesucht: nicht vom Stoff her, d. h. ausgehend von einem nach formalen und inhaltlichen Gesichtspunkten präparierten Text, sondern vom Sprechenden her, von seinen sprachlichen Reaktionen in einer bestimmten Redekonstellation.

Die Szenen wollen also nicht etwas Bestimmtes aussagen oder mitteilen, sondern zunächst einmal zum Sprechen und zur sprachlichen Reaktion provozieren. Die Gesprächs- oder Diskussionsanlässe sind meist von der Realität abstrahierte Grundmuster in situativer Verfremdung. Der Lernende soll nicht durch einen vordergründigen – im Unterricht ohnehin nicht erreichbaren – Realismus festgelegt werden. Für das szenische Spiel soll er vielmehr Gesprächsvorlagen erhalten, die soziale und interpersonale Bezüge aufweisen und ihn zu sozialer Interaktion motivieren, und zwar in der Klassensituation selbst. Sprachliche Formen und Inhalte sind diesem Ziel untergeordnet. So gibt sich die Sprache z. B. rudimentär (und ist damit für den Anfänger leicht nachzuvollziehen), wo die szenische Konstellation dies erlaubt, bzw. wo eine rudimentäre Sprache durch parodistische Übertreibung plausibel wird.

Dabei spielt eine wichtige Rolle die Verknüpfung von Sprechen und Sprachgestik – ein Aspekt, der vom Sprachunterricht in der Regel völlig vernachlässigt wird. Solange die spezifische Sprachgestik des Deutschen weitgehend unerforscht ist, bietet das szenische Spiel die Chance einer unbewußten Aneignung dieses komplementären Kommunikationsmittels.

Nun einige praktische Hinweise zum Umgang mit den szenischen Dialogen.
Die Lerngruppe, sofern sie auf dem szenischen Spiel basiert, sollte nicht weniger als sechs und nicht mehr als zwölf Teilnehmer enthalten. *Der Lehrraum* muß für jede Bewegung offen sein. Aufzugeben ist also die Frontalsituation des herkömmlichen Unterrichts mit entsprechenden Sitzordnungen. Am geeignetsten ist der lockere Kreis mit einer Spielmitte.

Gesprochen oder gespielt wird stehend, mit oder ohne Manuskript, damit Gebärden und gestische Sprachkomponenten zum Ausdruck gelangen können. Vorher müssen – sofern gleich von der Szene als Ganzem ausgegangen wird – das Textverständnis und eine annähernd richtige Aussprache gesichert sein. Diese Phase kann sehr kurz sein und sich etwa auf eine rasche, annähernd richtige Übersetzung beschränken. Jedenfalls wäre es völlig verfehlt, die Texte in herkömmlicher Weise zu erarbeiten. Die Szenen sind zum Sprechen und Spielen da, der Lernende soll sie interpretieren, gestisch und mimisch, er soll sie – mit wachsender Ausdrucksfähigkeit – variieren und vielleicht auch inszenieren. Freilich wäre es ebenso falsch, auf Fragen zum semantischen oder grammatischen Verständnis nicht einzugehen. Die Erfahrung hat gezeigt, daß der Bedarf an kognitivem Lernen im Laufe der Zeit, also mit wachsender Gewöhnung an das szenische Sprechen, ohnehin verschwindend gering ist. Viele Schwierigkeiten erledigen sich auch irgendwann von selbst, zumindest nicht besser oder schlechter als in einem Normalkurs.

Der Lehrer ist nicht in erster Linie „Dozent", sondern „animateur", das heißt: er regt an, führt Regie, gibt auf Wunsch Erklärungen, korrigiert. Es muß auch seine Sorge sein, daß das Spiel letztlich doch Unterricht bleibt – also nicht ins Unverbindliche abgleitet.

Eingesetzt wurden die szenischen Dialoge bereits für Kurse mit Anfängern – freilich nicht ohne den Teilnehmern vor Kursbeginn Art und Ablauf dieser neuartigen Unterrichtsform zu erklären. Die Szenen können aber auch in ein normales Lernprogramm – gleich welcher Stufe – eingestreut werden, in welcher Form (Hörverständnis, Rezitation, Rollenspiel) und mit welcher Absicht auch immer (Prosodie-Intonationsübung, Auflockerung, Gruppenannäherung). Gerade das „Gesellschaftliche" einer solchen Lernform wird den Kursteilnehmern eine willkommene Abwechslung bieten – vielleicht nicht nur vom Lernzwang des normalen Sprachunterrichts, sondern auch vom beruflichen und privaten Alltag.

Inhalt

Ermittlung

Der eine, der andere

Der eine:	Name?
Der andere:	Wie bitte?
Der eine:	Ihr Name!
Der andere:	Mein Name?
5 *Der eine:*	Ja, Ihr Name! Wie Sie heißen!
Der andere:	Wie ich heiße?
Der eine:	Ja! Also – wie ist Ihr Name?
Der andere:	Interessiert Sie das?
Der eine:	Nein, aber ich muß es wissen!
10 *Der andere:*	Warum?
Der eine:	Darum! Also – wie heißen Sie?
Der andere:	Das weiß ich nicht.
Der eine:	Sie wissen nicht, wie Sie heißen?
Der andere:	Nein, tut mir leid.
15 *Der eine:*	Na schön! – Geboren?
Der andere:	Wie bitte?
Der eine:	Wann sind Sie geboren?
Der andere:	Wann ich geboren bin?
Der eine:	Ja. Wann Sie geboren sind!
20 *Der andere:*	Interessiert Sie das?
Der eine:	Nein, aber ich muß es wissen.
Der andere:	Warum?
Der eine:	Darum! – Also, wann sind Sie geboren?
Der andere:	Das weiß ich nicht.
25 *Der eine:*	Sie wissen nicht, wann Sie geboren sind?
Der andere:	Nein, ich habe es vergessen.
Der eine:	Na schön! – Geburtsort?
Der andere:	Wie meinen Sie?
Der eine:	Wo Sie geboren sind!
30 *Der andere:*	Wer, ich?
Der eine:	Ja, Sie!
Der andere:	Das weiß ich nicht.
Der eine:	Das wissen Sie also auch nicht!
Der andere:	Nein, tut mir leid.
35 *Der eine:*	Das haben Sie also auch vergessen!
Der andere:	Ja, tut mir leid.

Der eine:	Sie haben also keinen Namen, und Sie wissen nicht, wann und wo Sie geboren sind?
Der andere:	Das stimmt. Ich habe keinen Namen, und ich weiß nicht, wann und wo ich geboren bin.
Der eine:	Dann muß ich Sie jetzt fragen: wer sind Sie eigentlich?
Der andere:	Warum fragen Sie? Sie hören mich doch, Sie sehen mich doch, Sie sprechen sogar mit mir. Also warum fragen Sie?

40

Cocktail (Kurzfassung)

Meier, Meyer, Maier und Mayer

Meier: Gestatten Sie – Meier, mit „e" – „i".
Meyer: Angenehm! Meyer, mit „e" – „ypsilon".
Meier: Freut mich sehr.
Meyer: Reizender Abend.
5 *Meier:* Ganz reizend!
Meyer: Und so nette Leute.
Meier: Ja. Alles sehr nette Leute.

Maier hinzutretend: Gestatten Sie – Maier, mit „a" – „i".
Meier: Freut mich sehr. Meier, mit „e" –„i".
10 *Meyer:* Angenehm! Meyer, mit „e" – „ypsilon".
Maier: Reizender Abend.
Meier: Ganz reizend!
Maier: Und so nette Leute.
Meyer: Ja. Alles sehr nette Leute.

15 *Mayer hinzutretend:* Gestatten Sie – Mayer, mit „a" – „ypsilon".
Meier: Freut mich sehr. Meier, mit „e" – „i".
Meyer: Angenehm! Meyer, mit „e" – „ypsilon".
Maier: Sehr erfreut. Maier, mit „a" – „i".
Mayer: Reizender Abend.
20 *Meier:* Ganz reizend!
Mayer: Und so nette Leute.
Meyer: Ja. Alles sehr nette Leute.

Meier: Ja, dann... es hat mich sehr gefreut.
Meyer: Ganz meinerseits!
25 *Maier:* Schönen Abend noch!
Meier: Vielen Dank, auch Ihnen!

Meier ab

Meyer: Ja dann... es hat mich sehr gefreut!
Maier: Ganz meinerseits!
Mayer: Schönen Abend noch!
30 *Meyer:* Vielen Dank, auch Ihnen!

Meyer ab

Maier: Ja dann... es hat mich sehr gefreut!

Mayer: Ganz meinerseits!
Maier: Schönen Abend noch!
Mayer: Vielen Dank, auch Ihnen!

Maier ab

35 *Mayer:* Reizender Abend...

Bei Rot

Der eine, der andere

Der eine:	Halt! Es ist rot!
Der andere:	Wie bitte?
Der eine:	Es ist rot. Sie müssen warten.
Der andere:	Ich muß warten? Warum?
5 *Der eine:*	Weil rot ist. Bei Rot müssen Sie warten.
Der andere:	Bei Rot muß ich warten? Warum?
Der eine:	Das ist so.
Der andere:	Ich möchte aber gehen!
Der eine:	Gehen können Sie bei Grün.
10 *Der andere:*	Bei Rot muß ich warten und bei Grün kann ich gehen? Das verstehe ich nicht.
Der eine:	Es ist aber so.
Der andere:	Einen Moment! Sie sagten: bei Rot muß ich warten.
Der eine:	Ja.
Der andere:	Und bei Grün kann ich gehen?
15 *Der eine:*	Ja.
Der andere:	Heißt das: bei Grün muß ich gehen?
Der eine:	Nicht unbedingt.
Der andere:	Bei Grün könnte ich also auch warten?
Der eine:	Warten können Sie immer.
20 *Der andere:*	Und gehen?
Der eine:	Gehen können Sie nicht immer.
Der andere:	Das verstehe ich nicht.
Der eine:	Es ist in Ihrem Interesse.
Der andere:	In meinem Interesse? Kennen Sie denn mein Interesse?
25 *Der eine:*	Es ist auch in meinem Interesse.
Der andere:	Ich kenne Ihr Interesse aber nicht.
Der eine:	Es ist in meinem und unser aller Interesse, bei Rot zu warten.
Der andere:	In meinem Interesse ist es, bei Rot zu gehen. Ich bin nämlich in Eile.
Der eine:	Sie irren. Das kann nicht in Ihrem Interesse sein.
30 *Der andere:*	Doch, denn ich bin in Eile. Kann sein, daß Sie nicht in Eile sind.
Der eine:	Ich bin auch in Eile. Aber ich warte trotzdem.

Der andere:	Sie sind auch in Eile und warten trotzdem? Das verstehe ich nicht.
Der eine:	Ich weiß, daß man bei Rot warten muß.
Der andere:	Auch wenn man in Eile ist?
35 *Der eine:*	Auch wenn man in Eile ist!
Der andere:	Und... woher wissen Sie das?
Der eine:	Nun, offen gesagt...
Der andere:	Sie wissen nicht, woher Sie das wissen?
Der eine:	Es ist grün. Wir können gehen.
40 *Der andere:*	Nein, ich warte.

Die Berührung

Der Stumme, drei Personen

*Der Stumme sitzt auf einem Stuhl, hält mit der Linken einen imaginä-
ren Gegenstand und vollführt mit der Rechten drehende Bewegun-
gen, etwa wie bei einer Kaffeemühle. Drei Personen treten hinzu.*

1. Person:	Schaut mal!
2. Person:	Nanu!
3. Person:	Was macht der denn da?
2. Person:	Der dreht irgendwas.
5 3. Person:	Was dreht er denn?
1. Person:	Nichts, das seht ihr doch.
3. Person:	Er tut nur so.
2. Person:	Komischer Kerl!
1. Person:	Vielleicht ist er verrückt.
10 2. Person:	Wahrscheinlich.
3. Person:	Er macht jedenfalls 'n komischen Eindruck.
1. Person:	Was geht uns das an.
2. Person:	Stimmt! Was geht uns das an.
3. Person:	Vielleicht fragen wir ihn mal.
15 2. Person:	Was willst du ihn denn fragen?
3. Person:	Warum er da so sitzt und dreht.
1. Person:	Also, dann frag ihn mal!
3. Person:	Heh, Sie da!
1. Person:	Siehst du, er rührt sich nicht.
20 3. Person:	Was machen Sie denn da?
2. Person:	Vielleicht ist er taub.
1. Person:	Wahrscheinlich.
3. Person:	Haben Sie die Sprache verloren?
2. Person:	Ach laß ihn doch!
25 1. Person:	Kommt, wir gehen weiter!
3. Person:	Komischer Kerl!
2. Person:	Vielleicht ist er krank.
3. Person:	Krank? Das glaube ich nicht.
2. Person:	Man kann ihn ja mal fragen.
30 3. Person:	Gut, frag du ihn.
1. Person:	Aber der versteht doch nichts.
3. Person:	Man kann's ja noch mal versuchen.
2. Person:	Sie da! Hören Sie, sind Sie krank?

1. Person:	Nichts hört er.
3. Person:	Gehen wir!
2. Person:	Einen Moment!
3. Person:	Was willst du denn noch!
2. Person:	Er muß schließlich einen Grund haben.
1. Person:	Einen Grund? Wofür?
2. Person:	Das ist schließlich nicht normal.
1. Person:	Na und? Was geht uns das an!
2. Person:	Nichts, aber...
3. Person:	Er reagiert ja auf nichts.
2. Person:	Man müßte ihn vielleicht anfassen.
3. Person:	Anfassen?
2. Person:	Dann wird er vielleicht reagieren.
1. Person:	Das würde ich mir aber gut überlegen.
2. Person:	Warum, was soll denn passieren?
3. Person:	Wer weiß, wie er darauf reagiert.
2. Person:	Nun, er sieht doch ganz sympathisch aus.
3. Person:	Das stimmt. Ich finde ihn auch nicht unsympathisch.
1. Person:	Trotzdem, ich wäre da vorsichtig.
3. Person:	Man braucht ihn ja nicht gleich richtig anzufassen.
2. Person:	Wie meinst du das?
3. Person:	Nun, man geht auf ihn zu und sagt: Guten Tag!
2. Person:	Und gibt ihm die Hand – ja, gut, das wäre möglich.
1. Person:	Und wenn er sich wieder nicht rührt?
3. Person:	Ich versuch's mal.
	Sich dem Stummen zuwendend: Guten Tag!
1. Person:	Na, was hab ich gesagt! Er rührt sich nicht.
2. Person:	Vielleicht hat er Angst.
3. Person:	Angst? Vor wem denn! Vor uns?
2. Person:	Was weiß ich! Vielleicht traut er sich nicht.
1. Person:	Na und? Ist das unsere Sache?
2. Person:	Also, ich faß ihn jetzt einfach mal an.
1. Person:	Überleg's dir gut!
3. Person:	Sei vorsichtig!
2. Person ergreift die Rechte des Stummen:	Guten Tag, wie geht's Ihnen?
Der Stumme:	Danke, gut!

Herrn Schipkes tragisches Ende

Der erste, der zweite, der dritte, der vierte, der fünfte

Der erste zum zweiten: Haben Sie schon gehört?
Der zweite: Was denn?
Der erste: Die Sache mit Herrn Schipke?
Der zweite: Herr Schipke? Was ist denn mit ihm?
5 *Der erste:* Er ist gestern aus dem Bett gefallen.
Der zweite: Ach Gott!
Der erste: Und hat sich dabei die Hand gebrochen.
Der zweite: Nein so was!

Der zweite zum dritten: Haben Sie schon gehört?
10 *Der dritte:* Nein! Was gibt's denn?
Der zweite: Sie kennen doch Herrn Schipke!
Der dritte: Natürlich kenne ich Herrn Schipke!
Der zweite: Stellen Sie sich vor, er ist gestern vom Stuhl gefallen.
Der dritte: Vom Stuhl gefallen?
15 *Der zweite:* Ja. Und hat sich dabei den Arm gebrochen.
Der dritte: Was Sie nicht sagen!

Der dritte zum vierten: Haben Sie schon gehört?
Der vierte: Nein. Was ist denn los?
Der dritte: Herr Schipke – Sie kennen ihn doch?
20 *Der vierte:* Natürlich. Ist ihm was passiert?
Der dritte: Das kann man wohl sagen!
Der vierte: Hoffentlich nichts Schlimmes?
Der dritte: Schlimm genug. Er ist auf eine Leiter gestiegen.
Der vierte: Auf eine Leiter? Warum denn?
25 *Der dritte:* Was weiß ich! Jedenfalls ist er heruntergefallen.
Der vierte: Das ist ja nicht möglich!
Der dritte: Doch! Und dabei hat er sich das Bein gebrochen.
Der vierte: Du lieber Gott, was für ein Pech!

Der vierte zum fünften: Haben Sie schon gehört?
30 *Der fünfte:* Nein. Was ist denn passiert?
Der vierte: Was – Sie wissen es noch nicht?
Der fünfte: Keine Ahnung!
Der vierte: Die Sache mit Herrn Schipke?

Der fünfte:	Herr Schipke? Der Herr Schipke von nebenan?
35 *Der vierte:*	Genau der! Eine traurige Geschichte!
Der fünfte:	So erzählen Sie doch!
Der vierte:	Denken Sie nur: er ist aus dem Fenster gefallen.
Der fünfte:	Aber wie konnte denn das passieren?
Der vierte:	Das frage ich mich auch.
40 *Der fünfte:*	Ist er...?
Der vierte:	Ja.
Der fünfte:	Mein Gott!
Der vierte:	Er hat sich den Hals gebrochen.
Der fünfte:	Das ist ja entsetzlich!

45 *Der fünfte zum ersten:* Haben Sie schon gehört?

Der erste:	Sie meinen die Sache mit Herrn Schipke?
Der fünfte:	Furchtbar, nicht wahr?
Der erste:	Nun, es hätte schlimmer kommen können.
Der fünfte:	Schlimmer? Ich finde es schlimm genug, wenn man sich den Hals bricht!
50 *Der erste:*	Den Hals? Wieso denn den Hals?
Der fünfte:	Ach, Sie wissen es noch gar nicht?
Der erste:	Was weiß ich noch gar nicht?
Der fünfte:	Daß er aus dem Fenster gefallen ist!
Der erste:	Aus dem Fenster? Sind Sie sicher?
55 *Der fünfte:*	Und sich den Hals gebrochen hat!
Der erste:	Kaum zu glauben! Aber es sollte mich nicht wundern!
Der fünfte:	Eine tragische Geschichte!
Der erste:	Weiß Gott! Aber ich wußte ja gleich, daß es schlimm mit ihm enden würde.

Kartoffelsalat

Er, sie

Er: Was gibt's denn zu essen?
Sie: Kartoffelsalat.
Er: Was – schon wieder?
Sie: Schon wieder – wieso?
5 *Er:* Es gab doch erst gestern Kartoffelsalat.
Sie: Ja, aber heute gibt's anderen.
Er: Anderen? Was heißt anderen?
Sie: Ich meine: nicht von den gleichen Kartoffeln.
Er: Wieso? Hast du neue gekauft?
10 *Sie:* Nein. Ich habe doch gestern erst fünf Kilo gekauft.
Er: Wieso sind's dann nicht die gleichen Kartoffeln?
Sie: Weil's andere sind.
Er: Hör mal – hast du Kartoffelsalat gemacht, ja oder nein?
Sie: Ja.
15 *Er:* Und hast du den Kartoffelsalat von Kartoffeln gemacht, ja oder nein?
Sie: Natürlich! Sonst wär's ja kein Kartoffelsalat.
Er: Eben! Und hast du die Kartoffeln für den Kartoffelsalat von den Kartoffeln genommen, die du gestern gekauft hast – ja oder nein?
Sie: Ja.
Er: Folglich ist's der gleiche Kartoffelsalat wie gestern.
20 *Sie:* Unmöglich.
Er: Wieso unmöglich?
Sie: Den Kartoffelsalat von gestern haben wir aufgegessen.
Er: Na und?
Sie: Folglich kann dies nicht der gleiche Kartoffelsalat sein.
25 *Er:* Mein Gott...!

Aller Anfang ist schwer

Eins, zwei, drei, vier und fünf

Eins: Also, beginnen wir!
Zwei: Gut. Wer fängt an?
Drei: Ist doch egal, wer anfängt.
Zwei: Ich schlage vor, eins beginnt.
5 *Fünf:* Ich bin dagegen. Warum soll eins immer beginnen?
Vier: Richtig! Warum soll eins immer beginnen?
Zwei: Was spricht denn dagegen?
Fünf: Nichts, im Prinzip gar nichts. Aber was spricht dafür?
Zwei: Nun, normalerweise beginnt man immer bei eins.
10 *Drei:* Das stimmt. Normalerweise beginnt man bei eins.
Fünf: Aber das ist doch kein hinreichender Grund!
Drei: Das ist auch wieder wahr.
Fünf: Das Normale ist für einen vernünftigen Menschen noch
lange kein Grund.
Vier: Das würde ich auch meinen. Das Normale ist durchaus
nicht immer das Richtige.
15 *Eins:* Also, mir ist es wirklich egal. Ich dränge mich nicht danach.
Drei: Ich finde auch, im Grunde ist es wirklich egal.
Fünf: Gewiß, aber es geht hier ums Prinzip.
Eins: Schön, dann schlage ich vor, wir beginnen bei zwei.
Zwei: Meinetwegen!
20 *Drei:* Gut! Warum sollen wir nicht mal bei zwei beginnen!
Eins: Denn ich bestehe wirklich nicht darauf.
Drei: Dann wird zwei jetzt beginnen! Sind alle einverstanden?
Fünf: Natürlich sind alle einverstanden! Ich persönlich frage mich
nur warum.
Eins: Warum was?
25 *Fünf:* Warum zwei beginnen soll, und nicht drei, vier oder ich.
Vier: Fünf hat recht. Man muß sich immer fragen warum. Und
zwar vorher.
Fünf: Ich würde meinen, im Prinzip sollte jeder beginnen können.
Vier: Das stimmt. Schließlich sind wir alle gleich.
Fünf: Wobei ich betonen möchte: ich habe nichts gegen zwei,
nicht das geringste.
30 *Zwei:* Und ich lege keinen Wert darauf anzufangen, nicht den
geringsten.

Eins:	Also ich schlage jetzt vor, daß wir ganz hinten beginnen, bei fünf.
Fünf:	Aber darum geht es doch gar nicht! Du hast mich völlig mißverstanden.
Vier:	Ihm geht es einzig und allein um das Prinzip.
Fünf:	Genau!
35 Vier:	Um die grundsätzliche Frage: warum soll wer beginnen.
Fünf:	So ist es!
Zwei:	Gut, und was schlägst du dann vor?
Drei:	Ich habe eine Idee.
Eins:	Laß hören!
40 Drei:	Wir sind zu fünft. Jeder von uns könnte – im Prinzip – beginnen. Stimmt ihr mir zu?
Alle:	Ja!
Drei:	Wir sind alle gleich. Keiner ist besser als der andere.
Alle:	Das stimmt!
Drei:	Wir sind – mit einem Wort – eine Gemeinschaft. Darum schlage ich vor, wir beginnen alle zusammen.
45 Eins:	Das ist eine gute Idee.
Fünf:	Das halte ich für vernünftig.
Drei:	Gut, ich zähle bis drei, und dann fangen wir an. Eins…
Fünf:	Einen Moment!
Drei:	Was ist denn?
50 Fünf:	Du hast schon wieder bei eins begonnen!
Vier:	Das stimmt. Ich habe es auch deutlich gehört.
Drei:	Aber beim Zählen beginnt man doch immer mit eins.
Fünf:	Richtig, aber man tut vieles ohne rechte Überlegung.
Vier:	Und ohne zu wissen warum.
55 Drei:	Gut, dann mache ich es anders. Ich sage: auf die Plätze – fertig – los! – Einverstanden?
Alle:	Einverstanden!
Drei:	Auf die Plätze – fertig – los!
Eins:	Was ist? Warum fängt denn niemand an?
Zwei:	Wir wollten doch alle zusammen anfangen!
60 Vier:	Eben! Warum fangt ihr denn nicht an!
Fünf:	Das verstehe ich auch nicht!
Zwei:	Also – ich schlage jetzt vor, eins beginnt…
	und so weiter

18

Die Schwierigkeit aufzuhören

Mehrere Personen

– Schluß jetzt!
– Ich finde auch, es reicht!
– Sehr richtig! Einmal muß Schluß sein!
– Und zwar endgültig!
5 – Man muß auch mal aufhören können!
– Und darum: Schluß jetzt!
– Ein für alle Mal!
– Jawohl! Denn sonst geht's endlos so weiter.
– Und wir kommen nie an ein Ende!
10 – Und reden morgen früh immer noch.
– Schrecklicher Gedanke!
– Ich schlage vor: jeder hält jetzt einfach seinen Mund!
– Sehr gut. Von jetzt an – kein Wort mehr!
– Es wird einfach aufgehört.
15 – Und zwar ruck-zuck!
– Denn sonst hören wir ja doch nicht auf.
– Das fürchte ich auch.
– Also, jetzt reicht's aber wirklich!
– Herrjeh nochmal, hört doch endlich auf!
20 – Das ist ja nicht auszuhalten!
– Man wird ja noch total verrückt dabei!
– Aufhören jetzt, und zwar sofort!
– Aufhören! Himmeldonnerwetter – aufhören!
Alle: R u h e !

Nette Abwechslungen

Vier Personen

Der erste:	Jetzt stehen wir hier.
Der zweite:	Ja, jetzt stehen wir hier.
Der dritte:	Wie lange stehen wir eigentlich schon hier?
Der vierte:	Oh, wir stehen schon eine ganze Weile hier.

5 *Der erste:* Wollen wir uns nicht mal hinsetzen?
Der zweite: Hinsetzen wäre nicht schlecht.
Der dritte: Warum setzen wir uns dann nicht hin?
Der vierte: Gut, setzen wir uns mal hin.
Sie setzen sich.
Der erste: Na, man sitzt doch ganz gut hier.
10 *Der zweite:* Ich finde auch, man sitzt nicht schlecht.
Der dritte: Nicht wahr? Es sitzt sich ganz angenehm.
Der vierte: Doch, doch, das ist mal 'ne nette Abwechslung.

Der erste: Jetzt sitzen wir hier.
Der zweite: Ja, jetzt sitzen wir hier.
15 *Der dritte:* Wie lange sitzen wir eigentlich schon hier?
Der vierte: Oh, wir sitzen schon eine ganze Weile hier.

Der erste: Wollen wir uns nicht mal hinstellen?
Der zweite: Hinstellen wäre nicht schlecht.
Der dritte: Warum stellen wir uns dann nicht hin?
20 *Der vierte:* Gut, stellen wir uns mal hin.
Sie stehen auf.
Der erste: Na, man steht doch ganz gut hier.
Der zweite: Ich finde auch, man steht nicht schlecht.
Der dritte: Nicht wahr? Es steht sich ganz angenehm.
Der vierte: Doch, doch, das ist mal 'ne nette Abwechslung.

25 *Der erste:* Jetzt stehen wir hier.
Der zweite: Ja, jetzt stehen wir hier...
und so weiter

Flüchtige Bekanntschaft

Der eine, der andere

Der eine:	Sagen Sie – kennen wir uns nicht?
Der andere:	Das ist gut möglich.
Der eine:	Ganz sicher. Wir haben uns schon irgendwo gesehen.
Der andere:	Ja, ich habe auch das Gefühl...
5 *Der eine:*	Warten Sie – war das nicht letztes Jahr in London?
Der andere:	London? Nein, da war ich schon lange nicht mehr.
Der eine:	Aber irgendwoher kennen wir uns!
Der andere:	Vielleicht aus Stockholm? Ich war letztes Jahr längere Zeit in Stockholm.
Der eine:	Nein, in Stockholm bin ich nie gewesen.
10 *Der andere:*	Ja, dann...
Der eine:	Dumm, daß es mir nicht mehr einfällt!
Der andere:	Nun, man trifft ja heute so viele Menschen...
Der eine:	Das ist wahr. Kein Wunder, daß man so manches vergißt.
Der andere:	Und Zeit hat man ja meistens auch keine.
15 *Der eine:*	Da haben Sie recht. Man kommt gar nicht dazu, die Leute näher kennenzulernen.
Der andere:	So ist es.
Der eine:	Das ist heutzutage ein echtes Problem.
Der andere:	Das finde ich auch. Ein Problem der Massengesellschaft.
Der eine:	Tja, ich glaube, ich muß dann langsam...
20 *Der andere:*	Für mich wird's auch allmählich Zeit.
Der eine:	Es war jedenfalls nett, Sie wiederzutreffen.
Der andere:	Ja, es hat mich auch sehr gefreut.
Der eine:	Dann... vielleicht bis bald mal...?
Der andere:	Ja, wer weiß...!
25 *Der eine:*	Jedenfalls alles Gute!
Der andere:	Danke, auch Ihnen!

Was er sagen wollte

Der eine, der andere

Der eine:	Was ich sagen wollte...
Der andere:	Ja? Und...?
Der eine:	Wie bitte?
Der andere:	Was du also sagen wolltest...
5 *Der eine:*	Wer, ich?
Der andere:	Ja. Du wolltest doch etwas sagen!
Der eine:	Ich wollte etwas sagen?
Der andere:	Natürlich wolltest du etwas sagen!
Der eine:	Was wollte ich denn sagen?
10 *Der andere:*	Aber woher soll ich das wissen!
Der eine:	Tja, wenn du's auch nicht weißt...
Der andere:	Dann war's wohl nicht so wichtig.
Der eine:	Nicht so wichtig? Woher weißt du das?
Der andere:	Nun, wenn du selbst nicht weißt, was du sagen wolltest..
15 *Der eine:*	Vielleicht fällt's mir wieder ein!
Der andere:	Vielleicht.
Der eine:	Jedenfalls ist das noch kein Beweis!
Der andere:	Kein Beweis? Wofür kein Beweis?
Der eine:	Daß ich nicht etwas Wichtiges sagen wollte.
20 *Der andere:*	Also hör mal!
Der eine:	Wie kannst du sagen, daß ich nichts Wichtiges sagen wollte!
Der andere:	Na schön, dann sage ich eben gar nichts mehr!
Der eine:	Ich finde das allerhand!
Der andere:	Was denn – daß du nicht weißt, was du sagen willst?
25 *Der eine:*	Wieso daß ich nicht weiß, was ich sagen will!
Der andere:	Aber das hast du doch eben selbst gesagt!
Der eine:	Gar nichts habe ich gesagt!
Der andere:	Eben! Das ist es ja!
Der eine:	Ich weiß genau, was ich sagen will!
30 *Der andere:*	Warum sagst du's dann nicht?
Der eine:	Ich rede, wann ich will.
Der andere:	Na gut, dann tu's doch!
Der eine:	Tu ich auch. Ich wollte nämlich gar nichts sagen.
Der andere:	Gar nichts? Und warum hast du das nicht gleich gesagt?

Der Käse im Wandel der Jahreszeiten

Der Leutnant, die Truppe

Leutnant, während die Truppe einmarschiert: Links, links, links
zwo drei vier, links, links... Ganze Abteilu-u-ung halt!
Li-i-inks um! Abzählen!
Es wird zackig abgezählt.

Leutnant: Alle mal herhören! – Der Käse ist weich.

Truppe: Jawoll Herr Leutnant!

Leutnant: Schnauze! – Der Käse ist im Sommer weich.

5 *Truppe:* Jawoll Herr Leutnant! Der Käse ist im Sommer weich!

Leutnant: Na also! – Wann ist der Käse weich?

Truppe: Im Sommer!

Leutnant: Den ganzen Satz!

Truppe: Im Sommer ist der Käse weich!

10 *Leutnant:* Na also! – Wie ist der Käse im Sommer?

Truppe: Weich ist der Käse im Sommer!

Leutnant: Aufgepaßt: Der Käse ist hart.

Truppe: Jawoll Herr Leutnant!

Leutnant: Schnauze! – Der Käse ist im Winter hart.

15 *Truppe:* Jawoll Herr Leutnant! Der Käse ist im Winter hart!

Leutnant: Na also! – Wann ist der Käse hart?

Truppe: Im Winter!

Leutnant: Den ganzen Satz!

Truppe: Im Winter ist der Käse hart!

20 *Leutnant:* Na also! – Wie ist der Käse im Winter?

Truppe: Hart ist der Käse im Winter!

Leutnant: Aufgepaßt: Im Sommer ist der Käse weich. Im Winter
ist der Käse hart. Aber im Frühling, im Frühling, da
wird der Käse...? Na...?
Betretenes Schweigen.

Einer aus der Truppe: Grün?!

Leutnant: Idiot! – W e i c h e r !

25 *Truppe:* Jawoll Herr Leutnant!

Leutnant: Schnauze! – Der Käse wird im Frühling weicher.

Truppe: Jawoll Herr Leutnant! Der Käse wird im Frühling weicher!

Leutnant: Na also! – Wann wird der Käse weicher?

Truppe: Im Frühling!

30 *Leutnant:*	Den ganzen Satz!
Truppe:	Im Frühling wird der Käse weicher!
Leutnant:	Na also! – Wie wird der Käse im Frühling?
Truppe:	Weicher wird der Käse im Frühling!
Leutnant:	Aufgepaßt: Im Sommer ist der Käse weich. Im Winter ist der Käse hart. Im Frühling wird der Käse weicher. Aber im Herbst? Im Herbst...? Na...? *Betretenes Schweigen.*
35 *Einer aus der Truppe:*	Im Herbst, da fällt der Käse von den Bäumen. *Allgemeine Verblüffung.*
Leutnant:	Aus-ge-zeichnet! Sehr schöner Satz! Wirklich ganz aus-ge-zeichnet!
Truppe fröhlich:	Jawoll Herr Leutnant! Der Käse fällt im Herbst von den Bäumen. Im Herbst fällt der Käse von den Bäumen! Von den Bäumen fällt der Käse im Herbst!
Leutnant:	Na also! – Wegtreten!

24

Ein weiser Entschluß

Der eine, der andere

Der eine:	Tag!
Der andere:	Grüß dich! Wie geht's denn so?
Der eine:	Offen gesagt, nicht sehr gut.
Der andere:	Nanu!
5 *Der eine:*	Es muß etwas geschehen. So geht's nicht mehr weiter.
Der andere:	Was ist denn passiert?
Der eine:	Ach, nichts Besonderes. Aber ich bin jetzt fest entschlossen, das Rauchen aufzugeben.
Der andere:	Bravo!
Der eine:	Denn so kann's nicht weitergehen.
10 *Der andere:*	Wirklich, ein sehr vernünftiger Entschluß.
Der eine:	Das findest du also auch?
Der andere:	Unbedingt.
Der eine:	Man muß sich nur einmal dazu durchringen.
Der andere:	Das stimmt. Aber wenn du's dir fest vorgenommen hast...
15 *Der eine:*	Felsenfest. Ich bin auch fest entschlossen, weniger zu trinken.
Der andere:	Tatsächlich?
Der eine:	Ja. Der viele Alkohol – das ist auf die Dauer nichts.
Der andere:	Da hast du sicher recht.
Der eine:	Allerdings – leicht fallen wird's mir nicht.
20 *Der andere:*	Das kann ich verstehen.
Der eine:	Nicht mal mehr 'n kleinen Cognac, das wird hart.
Der andere:	Nun, Hauptsache, der gute Wille ist da. Zigarette?
Der eine:	Gern, vielen Dank! Seit wann rauchst du denn meine Marke?
Der andere:	Hin und wieder, ich bin da nicht so festgelegt.
25 *Der eine:*	Übrigens: ich will demnächst auch regelmäßig Sport treiben.
Der andere:	Nein wirklich?
Der eine:	Jedenfalls bin ich fest dazu entschlossen.
Der andere:	Bravo! Das ist genau das, was dir fehlt.
Der eine:	Das sage ich mir auch. Jede Woche einmal ins Schwimmbad – das wird dem alten Adam gut tun.
30 *Der andere:*	Ganz sicher. Schwimmen ist überhaupt das Allerbeste.

Der eine:	Das glaube ich auch. Da wird der ganze Körper durchtrainiert.
Der andere:	Und wie!
	Also ich finde, darauf müssen wir einen trinken.
Der eine:	Aber bitte nur einen kleinen.
Der andere:	Na klar! Prost! Auf den Sport! Und auf deinen Entschluß!
35 *Der eine:*	Zum Wohlsein! Und auf ein gesundes Leben!
	Ach, jetzt fühle ich mich schon wieder sehr viel besser.

Die Störung

Der eine, der andere

Der eine: Darf ich dich einen Augenblick stören?
Der andere: Schon passiert.
Der eine: Was?
Der andere: Du hast mich bereits gestört.
5 Der eine: Ach, das tut mir aber leid!
Der andere: Tatsächlich?
Der eine: Wieso! Glaubst du mir nicht?
Der andere: Was?
Der eine: Daß es mir leid tut.
10 Der andere: Daß dir was leid tut?
Der eine: Mein Gott – daß ich dich gestört habe.
Der andere: Wenn's dir leid tut – warum störst du mich dann?
Der eine: Aber woher soll ich denn das wissen!
Der andere: Daß es dir leid tut?
15 Der eine: Nein! Daß ich dich störe.
Der andere: Ach! Das wußtest du nicht?
Der eine: Das kann ich doch vorher nicht wissen!
Der andere: Nicht?
Der eine: Wie soll ich das denn vorher wissen!
20 Der andere: Ja, das weiß ich natürlich auch nicht.
Der eine: Siehst du! Ein höflicher Mensch fragt eben!
Der andere: Ah, ich verstehe!
Der eine: Na endlich!
Der andere: Da du ein höflicher Mensch bist...
25 Der eine: Ja!
Der andere: Und nicht weißt, ob du mich störst...
Der eine: Richtig!
Der andere: Störst du mich, um zu wissen, ob du mich störst.
Der eine: Ach, mit dir kann man ja gar nicht reden!
30 Der andere: Oh, das tut mir aber leid.

Übungen zum Gebrauch des Imperativs

Der Chef, der erste, der zweite, der dritte, der vierte

Der Chef zum ersten:	Darf ich Sie bitten, mir einen Stuhl zu bringen.
Der erste zum zweiten:	Bringen Sie dem Chef bitte einen Stuhl!
Der zweite zum dritten:	Bitte einen Stuhl für den Chef!
Der dritte zum vierten:	Bring dem Chef einen Stuhl, los!
5 *Der vierte:*	Sofort!
	Der vierte tut jeweils, was ihm befohlen wird.
Der Chef zum ersten:	Vielen Dank, mein Lieber! Wären Sie jetzt so freundlich, mir die Zeitung zu holen.
Der erste zum zweiten:	Holen Sie dem Chef bitte die Zeitung!
Der zweite zum dritten:	Bitte die Zeitung für den Chef!
Der dritte zum vierten:	Hast du nicht gehört? Hol dem Chef die Zeitung!
10 *Der vierte:*	Ich geh ja schon!
Der Chef zum ersten:	Vielen Dank, mein Lieber! Dürfte ich Sie jetzt bitten, mir eine Zigarre zu besorgen.
Der erste zum zweiten:	Besorgen Sie dem Chef bitte eine Zigarre!
Der zweite zum dritten:	Bitte eine Zigarre für den Chef!
Der dritte zum vierten:	Besorg dem Chef eine Zigarre! Und zwar ein bißchen dalli!
15 *Der vierte:*	Aber ja doch!
Der Chef zum ersten:	Vielen Dank, mein Lieber! Wären Sie jetzt so freundlich, mir Feuer zu geben.
Der erste zum zweiten:	Geben Sie dem Chef bitte Feuer!
Der zweite zum dritten:	Bitte Feuer für den Chef!
Der dritte zum vierten:	Gib dem Chef Feuer! Na wird's bald!
20 *Der vierte:*	Nein!
Der dritte:	Wieso nein?
Der vierte:	Ich mag nicht!
Der dritte zum zweiten:	Er mag nicht. Und ich mag auch nicht.
Der zweite zum ersten:	Er mag nicht. Und ich habe auch keine Lust.
25 *Der erste zum Chef:*	Er hat keine Lust. Und ich verspüre auch keine Neigung.
Der Chef:	Das ist ärgerlich... Was schlagen Sie vor?

Der erste:	Ich schlage vor, die Übungen zum Imperativ an dieser Stelle abzubrechen.
Der Chef zum ersten:	Darf ich Sie dann freundlichst bitten, die Übungen abzubrechen.
Der erste zum zweiten:	Brechen Sie die Übung bitte ab!
Der zweite zum dritten:	Bitte!
Der dritte zum vierten:	Brich die Übung ab, du Idiot!
Der vierte:	Bitte sehr!

30

Guter Rat ist billig

Drei Personen

	1. Person:	Soll ich oder soll ich nicht?
	2. Person:	Schwer zu sagen!
	3. Person:	Ja, das ist nicht ganz einfach.
	1. Person:	Aber ich muß schließlich was unternehmen!
5	2. Person:	Sicher, das würde ich auch meinen.
	3. Person:	Du kannst es ja mal versuchen.
	1. Person:	Meinst du?
	3. Person:	Nun, was soll denn viel passieren!
	2. Person:	Na, ich wäre da nicht so sicher.
10	1. Person:	Wieso? Du meinst, es könnte schief gehen?
	2. Person:	Das will ich damit nicht unbedingt sagen, aber...
	3. Person:	Sicher, man weiß natürlich nie, wie so was ausgeht.
	2. Person:	Eben! Das weiß man vorher nie so genau.
	1. Person:	Aber wenn ich nichts tue, ist es auch schlecht.
15	2. Person:	Das stimmt.
	3. Person:	Deshalb mußt du natürlich was unternehmen.
	1. Person:	Also, ich versuch's jetzt einfach mal.
	2. Person:	Wie du meinst.
	3. Person:	Das Risiko kennst du ja.
20	2. Person:	Na, so groß ist es schließlich nicht.
	3. Person:	Ich weiß nicht, ich finde das Ganze doch ziemlich heikel...
	1. Person:	Das ist mir jetzt egal, ich versuch's mal!

. . .

Da haben wir's! Die Sache ist glatt schief gegangen!

	2. Person:	Siehst du! Hab ich's nicht gleich gesagt!
	3. Person:	Das war nun wirklich vorauszusehen!
25	2. Person:	So was muß ja schief gehen!

Ganz spontan

Der eine, der andere

Der eine:	Sag mal – wie findest du mich?
Der andere:	Wie ich dich finde?
Der eine:	Ja. Sprich nur ganz offen!
Der andere:	Tja, offen gesagt...
5 *Der eine:*	Du brauchst keine Angst zu haben.
Der andere:	Nein, nein... Meinst du mehr so im allgemeinen?
Der eine:	Ganz wie du meinst.
Der andere:	Hm. Ja, wie soll ich sagen...
Der eine:	Denk nicht erst lange nach.
10 *Der andere:*	Ach, nachdenken soll ich nicht?
Der eine:	Nein. Sag's mir ganz spontan.
Der andere:	Gut, also dann... Warum soll ich eigentlich nicht nachdenken?
Der eine:	Spontan wäre mir lieber.
Der andere:	Ach so, spontan wäre dir lieber.
15 *Der eine:*	Ja.
Der andere:	Na schön. – Sofort?
Der eine:	Sofort was?
Der andere:	Ich meine: soll ich's dir sofort spontan sagen?
Der eine:	Natürlich. Sonst wär's ja nicht spontan.
20 *Der andere:*	Richtig. Später wär's ja nicht mehr so spontan.
Der eine:	Nein. Spontan wär's nur jetzt, in diesem Augenblick.
Der andere:	Ja, dann versuch ich's mal. Also, ich finde dich...
Der eine:	Ja?
Der andere:	Ich wollte sagen: ich finde dich... im Grunde... So was Dummes!
25 *Der eine:*	Was denn?
Der andere:	Jetzt fällt's mir nicht mehr ein.
Der eine:	Was fällt dir nicht mehr ein?
Der andere:	Was ich dir sagen wollte.
Der eine:	War's etwas Bestimmtes?
30 *Der andere:*	Ja. Es liegt mir auf der Zunge.
Der eine:	Schade.
Der andere:	Ja. Vielleicht sag ich's dir beim nächsten Mal.

Vor dem Loch

Vier Fußgänger

1. Fußgänger:	Warum bleibst du stehen?
2. Fußgänger:	Siehst du nicht? Ein Loch!
3. Fußgänger:	Tatsächlich, ein Loch!
4. Fußgänger:	Mitten auf dem Weg – ein Loch!
5 *1. Fußgänger:*	Na und?
2. Fußgänger:	Sogar ein ziemlich großes Loch.
3. Fußgänger:	Findest du? Ich würde sagen – ein tiefes Loch.
2. Fußgänger:	Wieso! Man kann doch auch sagen – ein großes Loch.
3. Fußgänger:	Nein, meiner Ansicht nach muß man sagen – ein tiefes Loch.
10 *2. Fußgänger:*	Aber wieso denn! Es gibt doch kleine und große Löcher!
3. Fußgänger:	Nein. Es gibt nur tiefe und weniger tiefe Löcher.
4. Fußgänger:	Das würde ich auch sagen. Das Charakteristische am Loch ist das Tiefe.
3. Fußgänger:	Eben! Ein Loch ist entweder tief – oder kein Loch.
1. Fußgänger:	Einen Moment! So einfach ist die Sache nicht.
15 *3. Fußgänger:*	Doch! Denn wenn ein Loch ein Loch sein soll, muß es tief sein.
1. Fußgänger:	Keineswegs! Denn es gibt Löcher, die sind zwar nicht tief, aber groß. Zum Beispiel ein Krater.
4. Fußgänger:	Ein Krater ist für mich kein Loch!
1. Fußgänger:	Sondern?
4. Fußgänger:	Ein Krater. Ein Krater ist für mich ein Krater.
20 *3. Fußgänger:*	Genau! Zu einem Krater sagt man nicht Loch.
4. Fußgänger:	Oder Kraterloch.
1. Fußgänger:	Moment mal! Wie sagst du zu einem Loch, das nicht tief ist?
4. Fußgänger:	Löcher sind immer tief.
1. Fußgänger:	Mehr oder weniger, gut. Aber ein Loch, das nur ein ganz kleines bißchen tief ist?
25 *3. Fußgänger:*	Du meinst ein ganz kleines Loch?
1. Fußgänger:	Genau! Jetzt hast du's gesagt: ein kleines Loch. Und was ist nun das Gegenteil von klein?

2. Fußgänger:	Das Gegenteil von klein, mußt du wissen, ist groß.
1. Fußgänger:	Und das bedeutet: wenn es kleine Löcher gibt, muß es auch große geben.
2. Fußgänger:	Das nennt man nämlich Logik.
30 *3. Fußgänger:*	Logik? Das ist doch lächerlich!
2. Fußgänger:	Keineswegs! Für mich ist das sehr logisch.
3. Fußgänger:	Unsinn! Du sagst ja auch nicht: wenn's kleine Flöhe gibt, muß es auch große geben!
4. Fußgänger:	Also so kommen wir nicht weiter!
1. Fußgänger:	Das stimmt. Wir müssen uns zunächst über die Begriffe klar werden.
35 *4. Fußgänger:*	Genau. Und da meine ich: das Ganze ist eine Frage der Richtung.
1. Fußgänger:	Wieso denn der Richtung?
4. Fußgänger:	Aber das ist doch ganz klar. Groß bedeutet von unten nach oben. Zum Beispiel ein Baum, der immer größer wird.
3. Fußgänger:	Sehr richtig! Und umgekehrt bedeutet tief die Richtung von oben nach unten. Das Meer, zum Beispiel, das vom Ufer aus immer tiefer wird.
4. Fußgänger:	Völlig klar. Und da Löcher immer nach unten gehen, gibt es nur tiefe Löcher.
40 *3. Fußgänger:*	Und das nennt man Logik!
1. Fußgänger:	Aber das ist doch völlig abwegig!
3. Fußgänger:	Ganz und gar nicht!
4. Fußgänger:	Oder hast du schon mal ein Loch mit dem Loch nach oben gesehen?
1. Fußgänger:	Natürlich. Ein Loch in der Decke, zum Beispiel!
45 *2. Fußgänger:*	Sehr richtig. Ein großes Loch in der Decke. Hast du noch nie ein Loch in der Decke gesehen?
3. Fußgänger:	Tut mir leid, das kann ich nicht gelten lassen.
2. Fußgänger:	Und wieso nicht, wenn ich fragen darf?
3. Fußgänger:	Weil eine Decke immer zugleich auch Fußboden ist.
1. Fußgänger:	Na und?
50 *4. Fußgänger:*	Folglich ist ein Loch in der Decke automatisch ein Loch im Fußboden.
3. Fußgänger:	Und zwar ein tiefes Loch.
1. Fußgänger:	Falsch! Ein großes Loch in der Decke!
4. Fußgänger:	Nein! Ein tiefes Loch im Fußboden!
2. Fußgänger:	Nein! Ein großes Loch in der Decke!

55 3. *Fußgänger:*	Nein! Ein tiefes Loch im Fußboden!
1. *Fußgänger:*	Aber nein!
4. *Fußgänger:*	Aber ja!
	und so weiter

Die Sitzung

Der Vorsitzende, mehrere Beisitzer

Vorsitzender:	Meine Damen und Herren, die Sitzung ist eröffnet.
Beisitzer:	Gut, und was nun?
Vorsitzender:	Es stellt sich die Frage: was nun. Ich bitte um Stellungnahmen.
Beisitzer:	Ich halte die Frage für berechtigt.
5 *Beisitzer:*	Der Ansicht bin ich auch.
Beisitzer:	Ich finde, das ist eine ganz entscheidende Frage.
Beisitzer:	Sehr richtig.
Vorsitzender:	Darf ich zusammenfassen: es geht um die entscheidende Frage – was nun.
Beisitzer:	Ich wollte noch hinzufügen: diese Frage ist außerordentlich wichtig.
10 *Beisitzer:*	Stimmt. Das kann man gar nicht genug betonen!
Vorsitzender:	Schön! Ich stelle fest, das Gremium ist sich in diesem Punkte einig.
Beisitzer:	Der Form halber dürfte ich doch darum bitten, über diesen Punkt abzustimmen.
Vorsitzender:	Antrag angenommen. Ich bitte um sofortige Abstimmung! Wer ist dafür...? Gegenprobe...? Stimmenthaltungen...?
Beisitzer:	Keine.
15 *Vorsitzender:*	Ich stelle fest, das Gremium hält die Frage – was nun? – einstimmig für eine entscheidende Frage.
Beisitzer:	Und für eine wichtige.
Vorsitzender:	Für eine entscheidende und wichtige Frage.
Beisitzer:	Aber damit, meine ich, ist es noch nicht getan.
Beisitzer:	Wie meinen Sie das?
20 *Beisitzer:*	Was wollen Sie damit sagen?
Beisitzer:	Ich meine, daß wir auf die Frage – was nun? – eine Antwort geben sollten.
Beisitzer:	Dem würde ich zustimmen.
Beisitzer:	Dem würde ich auch beipflichten.
Vorsitzender:	Gut! Ich stelle die Frage hiermit zur Debatte.

| 25 | *Beisitzer:* | Es gibt meiner Ansicht nach nur eine Antwort auf diese Frage: Es muß etwas geschehen! |

Mehrere Beisitzer durcheinander:

    – Bravo!

    – Da haben Sie vollkommen recht!

    – Sehr wahr!

    – Jawohl!

Vorsitzender dazwischen: Meine Damen und Herren...

Mehrere Beisitzer durcheinander:

    – Das ist der entscheidende Punkt!

    – Sehr richtig!

    – Darum geht's!

Vorsitzender dazwischen: Meine Damen und Herren – ich muß Sie zur Ordnung rufen...

30 *Beisitzer:* Ich beantrage hiermit, daß etwas geschieht.

Beisitzer: Ich unterstütze diesen Antrag! Mit Entschiedenheit!

Beisitzer: Ich bitte um die Ergänzung: daß etwas geschieht, und zwar sofort.

Vorsitzender: Gut! Darf ich den Antrag so formulieren: das Gremium ist der Meinung, daß etwas geschehen muß, und zwar sofort.

Beisitzer: Statt sofort würde ich vorschlagen: auf der Stelle.

35 *Beisitzer:* Aber das ist doch unerheblich.

Mehrere Beisitzer durcheinander:

    – Das finde ich nicht!

    – Ganz und gar nicht!

    – Nur eine Frage der Formulierung!

    – Für die Sache unwichtig!

Vorsitzender: Meine Damen und Herren, darf ich jetzt... ich bestehe darauf... ich muß jetzt wirklich... Meine Damen und Herren, ich schlage vor: Das Gremium ist der Meinung, daß etwas geschehen muß, und zwar sofort und auf der Stelle.

Beisitzer: Man könnte auch sagen: stehenden Fußes.

Mehrere Beisitzer durcheinander:

    – Aber das ist doch nicht möglich!

    – Schluß jetzt damit!

    – Zur Sache!

    – Abstimmen!

40 *Vorsitzender:* Meine Damen und Herren – ich muß jetzt auf eine Abstimmung dringen. Ich formuliere noch einmal

den Antrag: Das Gremium ist der Meinung, daß etwas geschehen muß, und zwar sofort und auf der Stelle.

Wer ist für diesen Antrag...?

Gegenstimmen...?

Beisitzer: Keine.

Stimmenthaltungen...?

Gut, darf ich zu Protokoll geben: Antrag bei einer Stimmenthaltung angenommen.

Ich bitte um weitere Wortmeldungen!

Beisitzer: Die Frage ist jetzt: was.

Beisitzer: Wieso was?

Beisitzer: Was geschehen soll.

45 *Beisitzer:* Was geschehen soll? Das verstehe ich nicht.

Beisitzer: Ich auch nicht.

Vorsitzender: Darf ich Sie bitten, Ihre Frage deutlicher zu formulieren!

Beisitzer: Ich meine... ich wollte sagen: das Gremium ist sich einig, daß etwas geschehen muß.

Vorsitzender: Allerdings. Darüber wurde gerade abgestimmt.

50 *Beisitzer:* Der Punkt ist erledigt.

Vorsitzender: Deshalb zur Sache, wenn ich bitten darf!

Beisitzer: Jawohl, zur Sache!

Beisitzer: Es bleibt zu klären, wann die nächste Sitzung stattfinden soll.

Beisitzer: Ich schlage vor: nicht so bald.

55 *Vorsitzender:* Darf ich das Gremium fragen, wie es zu diesem Vorschlag steht.

Beisitzer: Positiv.

Beisitzer: Sehr positiv.

Beisitzer: Durchaus positiv.

Vorsitzender: Ist es nötig, darüber abzustimmen?

60 *Beisitzer:* Das ist unnötig.

Beisitzer: Völlig unnötig.

Beisitzer: Ganz und gar unnötig.

Vorsitzender: Meine Damen und Herren – dann darf ich die Sitzung hiermit schließen. Ich danke Ihnen für Ihre wertvolle Mitarbeit.

Die Auskunft

Der Reisende, fünf Passanten

Der Reisende:	Entschuldigen Sie bitte, ich suche das Windsor-Hotel.
1. Passant:	Windsor-Hotel?
Der Reisende:	Ja. Man sagte mir, es sei hier in der Nähe.
1. Passant:	Windsor-Hotel, Windsor-Hotel... das sagt mir was.
5 *Der Reisende:*	Aber ich will Sie nicht aufhalten.
1. Passant:	Nein, warten Sie. Wenn mich nicht alles täuscht...
Der Reisende:	Nicht weit vom Bahnhof, sagte man mir.
1. Passant:	Ja, das muß in der Nähe des Bahnhofs sein. Zweite Straße rechts, glaube ich.
Der Reisende:	Vielen Dank!
10 *1. Passant:*	Warten Sie! Bevor ich Ihnen eine falsche Auskunft gebe...

1. Passant zu einem anderen Passanten: Der Herr sucht das Windsor-Hotel.

2. Passant:	Windsor-Hotel?
1. Passant:	Ist das nicht das neue Hotel in der Clemensstraße?
2. Passant:	Sie meinen das Astoria?
15 *1. Passant:*	Astoria? Sind Sie sicher?
2. Passant:	Natürlich! Das Windsor-Hotel ist ganz woanders.
Der Reisende:	Man hat mir aber gesagt, es sei ganz in der Nähe des Bahnhofs.
2. Passant:	Das kann schon sein, aber bestimmt nicht auf dieser Seite.
1. Passant:	Sie meinen östlich vom Bahnhof?
20 *2. Passant:*	Sicher. Das muß drüben liegen.
1. Passant:	Das kann ich mir nicht vorstellen, das ist doch ein reines Industrieviertel!
2. Passant:	Wir können ja noch jemanden fragen!

2. Passant zu einem anderen Passanten: Das Windsor-Hotel, entschuldigen Sie, das liegt doch drüben im Osten?

3. Passant:	Windsor-Hotel?

25 2. *Passant:*	Ja. Der Herr hier meint Clemensstraße.
3. *Passant:*	Windsor-Hotel? Soll das hier in der Nähe sein?
Der Reisende:	Ja. Man hat mir gesagt, nicht weit vom Bahnhof.
3. *Passant:*	Ich kenne hier in der Nähe kein Windsor-Hotel.
Der Reisende:	Das verstehe ich nicht.
30 2. *Passant:*	Also meiner Ansicht nach liegt das drüben, auf der anderen Seite.
1. *Passant:*	Das halte ich für unwahrscheinlich.
3. *Passant:*	Ich auch. Wie gesagt, ich glaube nicht, daß es hier im Viertel so etwas gibt.
Der Reisende:	Aber man hat mir doch verbindlich gesagt...
3. *Passant:*	Ich kann nur sagen: ich habe hier noch nie etwas von einem Windsor-Hotel gehört.
35 *Der Reisende:*	Vielleicht ist es ganz neu?
3. *Passant:*	Das müßte ich wissen. Schließlich wohne ich hier.
4. *Passant hinzutretend:*	Was gibt's? Suchen Sie was Bestimmtes?
3. *Passant:*	Haben Sie schon mal was von einem Windsor-Hotel gehört? Ich nicht!
4. *Passant:*	Das Windsor-Hotel? Das ist doch gleich hier um die Ecke!
40 3. *Passant:*	Wo um die Ecke?
4. *Passant:*	Na da vorn, bei der Ampel links.
3. *Passant:*	Sie meinen in der Freistraße?
4. *Passant:*	Freistraße? Ist das nicht die Clemensstraße?
1. *Passant:*	Nein, die Clemensstraße ist da unten links.
45 4. *Passant:*	Na schön, ich kann mir die Namen nicht merken. Jedenfalls liegt da das Windsor-Hotel.
2. *Passant:*	In der Clemensstraße? Da irren Sie sich, das ist das Astoria.
4. *Passant:*	Nein, ich meine die Straße bei der Ampel links.
3. *Passant:*	In der Freistraße also? Das würde mich aber wundern!
4. *Passant:*	Na hören Sie mal, ich komme doch gerade da her!
50 3. *Passant:*	Aus dem Windsor-Hotel?
4. *Passant:*	Nein, aus der Straße, wo es ist.
3. *Passant:*	Tut mir leid, ich habe in der Freistraße noch nie ein Hotel gesehen.
4. *Passant:*	Sie kennen doch die Post!
3. *Passant:*	Das Postamt in der Freistraße? Natürlich!

55 *4. Passant:*	Und drei Häuser weiter, auf der anderen Seite, da ist doch ein neues Gebäude?
3. Passant:	Sie meinen das neue Versicherungsgebäude der Armenia?
4. Passant:	Kann sein, daß es die Armenia ist. Jedenfalls ist da das Windsor-Hotel drin.
3. Passant:	Irrtum! Sie verwechseln das mit Winter-Invest-ment!
4. Passant:	Aber hören Sie mal! Ich kann doch wohl noch Winter von Windsor unterscheiden!
60 *3. Passant:*	Und ich wohne seit zehn Jahren in diesem Viertel und weiß, daß es in der Freistraße kein Hotel gibt!
4. Passant:	Also, das ist doch allerhand!
3. Passant:	Gehen Sie doch zurück und überzeugen Sie sich!
4. Passant:	Ich? Wie komme ich denn dazu!
5. Passant hinzutretend: Was ist denn passiert?	
65 *4. Passant:*	Als ob ich nichts Besseres zu tun hätte!
3. Passant:	Ach, es geht um ein Hotel!
5. Passant:	Was für ein Hotel?
3. Passant:	Nennt sich angeblich Windsor-Hotel. Aber ich bin sicher, daß es das nicht gibt und nie gegeben hat.
4. Passant:	Doch! Das neue Gebäude in der Freistraße!
70 *5. Passant:*	Windsor-Hotel? Ist das nicht kürzlich abge-brannt?
2. Passant:	Abgebrannt?
5. Passant:	Natürlich! Das hat doch vor ein paar Tagen in der Zeitung gestanden!
2. Passant:	Das kann nicht stimmen!
5. Passant:	Doch! Ich erinnere mich genau!
75 *2. Passant:*	Das verwechseln Sie sicher mit was anderem!
3. Passant:	Ganz sicher. Denn ein Windsor-Hotel hat es nie gegeben.
5. Passant:	Und ich sage Ihnen: es hat in der Zeitung gestan-den, schwarz auf weiß.
4. Passant:	Und ich sage Ihnen, das Windsor-Hotel befindet sich nach wie vor in der Freistraße!
5. Passant:	Wollen Sie damit sagen, daß ich nicht lesen kann?
80 *Der Reisende:*	Aber meine Herrschaften...

40

5. Passant:	Daß ich keine Augen im Kopf habe?
Der Reisende:	Ich bitte Sie, das ist doch nicht so wichtig!
5. Passant:	Nicht wichtig? Wieso nicht wichtig?
Der Reisende:	Ich meine, ich werd' das Hotel schon noch finden!
85 *5. Passant:*	Wenn's nicht wichtig ist, warum halten Sie uns dann auf?
Der Reisende:	Das Beste ist, ich frag mal da drüben den Polizisten.
4. Passant:	Bitte sehr, wenn Sie das für besser halten!
3. Passant:	Wenn Sie meinen, wir seien zu dumm...
Der Reisende:	Aber das will ich doch damit nicht sagen!
90 *3. Passant:*	Nicht? Was denn sonst?
2. Passant:	Warum haben Sie ihn denn nicht gleich gefragt, Ihren Polizisten!
3. Passant:	Wenn Sie meinen, daß der schlauer ist als wir!
Der Reisende:	Aber ich wußte doch nicht...
2. Passant:	Aber stattdessen nehmen Sie uns hier die Zeit weg!
95 *1. Passant:*	Und halten hier fast den Verkehr auf!
4. Passant:	Und alles nur wegen Ihrem blöden Hotel!
5. Passant:	Sehen Sie – jetzt macht er sich davon!
1. Passant:	Und ohne Dankeschön, wie sich das heutzutage gehört!
2. Passant:	Hatten Sie was anderes erwartet?
100 *3. Passant:*	Leute gibt's! Unglaublich!
4. Passant:	Das hat man nun davon!

Der Abschied

Gastgeber, Gastgeberin, Gäste

	Gast:	Also, es hat mich sehr gefreut!
	Gastgeber:	Kommen Sie gut heim!
	Gast:	Und ich hoffe, wir sehen Sie bald mal bei uns.
	Gastgeberin:	Aber gern!
5	*Gast:*	Also dann – auf Wiedersehen! Und nochmals vielen Dank!
	Gastgeber:	Aber ich bitte Sie!
	Gast:	Es war wirklich ein sehr netter Abend.
	Gast:	Das stimmt! Wir haben uns sehr wohlgefühlt.
	Gastgeberin:	Freut uns, daß es Ihnen gefallen hat.
10	*Gast:*	Und vergessen Sie nicht – das nächste Mal bei uns!
	Gastgeberin:	Ja, das versprechen wir.
	Gast:	Schön, wir werden Sie beim Wort nehmen.
	Gastgeber:	Tun Sie das!
	Gast:	Allerdings – mit Ihrer Küche können wir nicht konkurrieren.
15	*Gast:*	Das fürchte ich auch.
	Gast:	Ich muß auch sagen, das Essen war ganz ausgezeichnet.
	Gastgeberin:	Aber ich bitte Sie, die paar Kleinigkeiten.
	Gast:	Kleinigkeiten? Das nennen Sie Kleinigkeiten?
	Gastgeberin:	Nun, viel war's doch wirklich nicht.
20	*Gast:*	Aber dafür ganz hervorragend!
	Gast:	Und mit so viel Liebe zubereitet.
	Gastgeberin:	Aber jetzt übertreiben Sie wirklich!
	Gast:	Nein, nein, Sie sind viel zu bescheiden!
	Gast:	Wir wissen, was das für Mühe macht.
25	*Gastgeber:*	Nun, es freut uns jedenfalls, daß es Ihnen geschmeckt hat.
	Gast:	Aber jetzt müssen wir wirklich gehen!
	Gast:	Und für mich wird's auch höchste Zeit.
	Gastgeber:	Können Sie nicht ein bißchen ausschlafen?
	Gast:	Oh nein, bei mir klingelt um sechs Uhr der Wecker.
30	*Gast:*	Und ich muß auch in aller Frühe aus dem Bett.
	Gastgeberin:	Schlimm, schlimm!
	Gast:	Ja, das Büro wartet leider nicht, und ich brauche

	einen klaren Kopf.
Gastgeber:	Hoffentlich haben Sie ihn morgen früh auch!
Gast:	Ach so, Sie meinen wegen Ihrem Mosel?
35 *Gastgeber:*	Ja. Ich höre Sie schon furchtbar schimpfen morgen früh.
Gast:	Das sollte mich wundern. Bei einem so erstklassigen Riesling!
Gast:	Mich auch. Ihr Wein verdient wirklich noch ein ganz besonderes Kompliment.
Gastgeber:	Vielen Dank! Im allgemeinen ist er gut verträglich.
Gast:	Darf ich fragen, woher Sie ihn beziehen?
40 *Gastgeber:*	Direkt vom Weinbauern. Da weiß man wenigstens, was man hat.
Gast:	Das stimmt. Auf den Zwischenhandel ist kein Verlaß.
Gast:	Überhaupt wird ja heute mit Wein furchtbar viel Unfug getrieben!
Gast:	Vor allem mit Mosel. Das ist meistens zur Hälfte Zuckerwasser.
Gastgeberin:	Ja, diese Erfahrung haben wir auch gemacht.
45 *Gast:*	Also nochmals, vielen herzlichen Dank für die vorzügliche Bewirtung.
Gastgeberin:	Bitte, bitte, das ist nicht der Rede wert.
Gastgeber:	Es war wirklich nett, daß Sie uns mal besucht haben.
Gastgeberin:	Sie waren übrigens die ersten Gäste in unserer neuen Wohnung.
Gast:	Oh, welche Ehre!
50 *Gast:*	Schöne Gäste, die so spät erst aufbrechen.
Gast:	Und hier ein richtiges Schlachtfeld hinterlassen.
Gast:	Das stimmt. Ich habe auch ein schlechtes Gewissen.
Gastgeberin:	Um Gottes willen, das fehlte noch!
Gast:	Nein wirklich, diese Berge von Geschirr...
55 *Gast:*	Sollen wir Ihnen nicht noch rasch helfen?
Gast:	Ich finde auch, wenn alle ein wenig zupacken...
Gastgeberin:	Kommt überhaupt nicht in Frage!
Gast:	Im Ernst, das ginge doch ganz schnell!
Gastgeber:	Aber ich bitte Sie, die paar Teller, die sind doch im Nu in der Maschine.
60 *Gastgeberin:*	Das wäre ja noch schöner!
Gast:	Ja, dann... auf Wiedersehen!
Gast:	Und hoffentlich bis bald!
Gastgeberin:	Und nochmals vielen Dank für Ihren Besuch.

Gastgeber:		Ich hoffe, Sie kommen gut heim!
65	*Gast:*	Das ist um diese Zeit sicher kein Problem.
	Gast:	Nein, jetzt ist der Verkehr wohl vorüber.
	Gast:	Auf der Hinfahrt waren die Straßen ja ganz schön voll.
	Gastgeber:	Ja, das ist eben der Nachteil, wenn man nicht in der Stadt wohnt.
	Gast:	Aber dafür haben Sie's auch wirklich schön hier draußen.
70	*Gast:*	Diese herrliche Ruhe, vor allem nachts!
	Gast:	Und dann die gute Luft – beneidenswert!
	Gastgeberin:	Sicher, aber man zahlt eben für alles seinen Preis.
	Gastgeber:	Und muß auch manchen Nachteil in Kauf nehmen.
	Gast:	Aber jetzt haben wir Sie lange genug aufgehalten! Auf Wiedersehen! Und eine recht gute Nacht!
75	*Gastgeber:*	Danke, auch Ihnen!
	Gastgeberin:	Und lassen Sie bitte nichts liegen! Tasche, Schirm…?
	Gast:	Mein Schirm! Also das passiert mir doch immer wieder!
	Gastgeber:	Da sind Sie nicht der einzige. Ich lasse meinen Schirm auch ständig irgendwo liegen.
	Gast:	Schrecklich! Ich kann mich einfach nicht an das Ding gewöhnen!
80	*Gastgeber:*	Mir geht's genauso!
	Gast:	Und vor allem: wenn man ihn mal wirklich braucht, hat man ihn zu Hause gelassen.
	Gastgeber:	So ist's aber auch wirklich!
	Gast:	So – und jetzt, bevor Sie uns hinauswerfen – endgültig auf Wiedersehen!
	Gast:	Mein Gott, es ist ja schon ein Uhr vorbei!
85	*Gast:*	Wie die Zeit vergeht…!
	Gast:	Also, es hat mich sehr gefreut!
	Gastgeber:	Kommen Sie gut heim!
	Gast:	Und ich hoffe, wir sehen Sie bald mal bei uns.
	Gastgeberin:	Aber gern.

Feindbild

Der Berichterstatter, die Mitglieder der Gruppe

Ein Mitglied der Gruppe: Nun, was hast du in Erfahrung gebracht?
Berichterstatter: Sie haben sich versammelt.
Mitglied: Wer, sie?
Berichterstatter: Die anderen, natürlich.
5 *Mitglied:* Bist du sicher?
Berichterstatter: Völlig sicher. Ich habe sie genau gesehen.
Mitglied: Interessant!
Mitglied: Wie viele sind's denn?
Berichterstatter: Ein Dutzend mindestens.
10 *Mitglied:* Ein Dutzend! Wer weiß, was die wieder vorhaben.
Berichterstatter: Das weiß der Teufel!
Mitglied: Hast du eine Ahnung, warum sie sich versammelt haben?
Mitglied: Eben! Was wollen die denn schon wieder?
Berichterstatter: Ich weiß natürlich nichts Genaues, aber...
15 *Mitglied:* Aber...? Raus mit der Sprache!
Berichterstatter: Ich habe gehört, sie wollen einen Entschluß fassen.
Mitglied: Einen Entschluß fassen...! Habt Ihr das gehört? Die wollen einen Entschluß fassen!
Mitglied: Und was für einen Entschluß wollen sie fassen?
Berichterstatter: Keine Ahnung!
20 *Mitglied:* Auf jeden Fall müssen wir uns vorsehen.
Mitglied: Das glaube ich auch. Bei denen muß man auf alles gefaßt sein.
Mitglied: Sag mal, weißt du, wo sie sich versammelt haben?
Berichterstatter: Soviel ich weiß, hier nebenan.
Mitglied: Was! Hier direkt nebenan?
25 *Berichterstatter:* Ja, hier im Raum nebenan.
Mitglied: Also, das ist doch ein starkes Stück.
Berichterstatter: Angeblich war kein anderer Raum frei.
Mitglied: Angeblich... die halten uns wohl für blöd!
Mitglied: Also ich trau dem Braten nicht. Da steckt was dahinter.

30 Mitglied:	Du merkst aber auch alles.
Mitglied:	Wenn man nur wüßte was!
Mitglied:	Wieso was?
Mitglied:	Was dahinter steckt.
Mitglied:	Geh doch nach nebenan und frag sie.
35 Mitglied:	Ich? Ich werde mich hüten!
Berichterstatter:	Ich habe übrigens gehört... aber das ist wohl nur ein Gerücht.
Mitglied:	Was hast du gehört? Nun sag schon!
Berichterstatter:	Ich habe gehört, sie wollen sich künftig regelmäßig versammeln.
Mitglied:	Regelmäßig? Was heißt regelmäßig?
40 Berichterstatter:	Jeden Montag um 18 Uhr. Und zwar hier bei euch nebenan.
Mitglied:	Also das, finde ich, geht nun wirklich zu weit!
Berichterstatter:	Wie gesagt, es ist nur ein Gerücht.
Mitglied:	Gerücht hin, Gerücht her – das geht einfach zu weit.
Mitglied:	Ganz deiner Meinung!
45 Mitglied:	Das können wir uns beim besten Willen nicht bieten lassen.
Mitglied:	Sehr richtig. Denen müssen wir mal die Zähne zeigen!
Mitglied:	Die glauben sonst, sie könnten tun, was sie wollen.
Mitglied:	Aber da haben sie sich gründlich geirrt!
Mitglied:	Und ob!
50 Mitglied:	Gut! Wir müssen was unternehmen.
Mitglied:	Unbedingt!
Mitglied:	Ich schlage vor, wir versammeln uns künftig auch regelmäßig.
Mitglied:	Sehr gut! Was die können, das können wir auch.
Mitglied:	Und zwar ebenfalls am Montag um 18 Uhr.
55 Mitglied:	Ausgezeichnet!
Mitglied:	Ich hab eine bessere Idee: wir versammeln uns zehn Minuten früher. Immer wenn die kommen, sind wir schon da!

Die Mitglieder durcheinander: Bravo! Sehr gut! Jawohl! Das tun wir!

und so weiter

Komisches Wetter

Mehrere Personen

- Komisches Wetter heute, finden Sie nicht?
- Ja, das muß ich auch sagen. Es ist nicht richtig warm und nicht richtig kalt.
- Man weiß gar nicht, wo man dran ist.
- Und was man eigentlich anziehen soll bei solchem Wetter.
5 - Ich persönlich empfinde das ja als sehr unangenehm.
- Ich auch. Mir wäre ein ordentlicher Regen lieber.
- Eben! Da könnte man mit gutem Gewissen sagen: es regnet.
- Aber so kann man überhaupt nichts sagen!
- Es regnet nicht, es schneit nicht, es hagelt nicht...
10 - Wind gibt's keinen...
- Und die Sonne kommt auch nicht durch.
- Nein, denn sonst würde man ja sagen: es ist schön.
- Genau! Aber als schön kann man dieses Wetter wirklich nicht bezeichnen!
- Obwohl es auch nicht ausgesprochen schlecht ist.
15 - Das stimmt. Es ist nicht schön und auch nicht ausgesprochen schlecht.
- Und dabei sehr unangenehm!
- Das finde ich auch. Richtige Kälte wäre mir lieber.
- Mir auch. Da weiß man wenigstens, was man zu tun hat.
- Und daß es irgendwann auch wieder wärmer wird.
20 - Oder so ein richtiger Landregen!
- Ja, das wäre was!
- So ein schöner Dauerregen, kalt und scheußlich...
- Der überhaupt nicht mehr aufhören will.
- Da könnte man zumindest drauf schimpfen.
25 - Genau! Man könnte sagen: so ein Mistwetter!
- Oder: so ein Sauwetter!
- Und man wüßte genau – alles liegt an diesem elenden Wetter.
- Und man hätte für alles eine Entschuldigung.
- Aber über dieses Wetter hier kann man ja noch nicht mal reden!
30 - Weil man gar nicht weiß, was man sagen soll.
- Man könnte allenfalls sagen – es ist bedeckt.
- Aber was heißt das schon, bedeckt!
- Das besagt im Grunde nur, daß die Sonne nicht scheint.
- Und damit ist noch nichts über das Wetter gesagt.

35 – Sehr richtig. Das klingt ganz wie eine faule Ausrede.
  – Eine faule Ausrede, so ist es.
  – Wie jemand, der nicht weiß, was er sagen soll.
  – Der sich nicht festlegen will.
  – Der keine klare, offene Meinung vertritt.
40 – Also ich muß sagen, ein solcher Zustand ist unerträglich.
  – Da haben Sie vollkommen recht! Ein solches Wetter ist einfach
    eine Zumutung!
  – Eine Mißachtung des Bürgers!
  – Sehr wahr! Denn als anständiger Bürger hat man ein Recht auf
    klare Verhältnisse.
  – Schließlich zahlen wir alle unsere Steuern.
45 – Und da frage ich mich nun wirklich: müssen wir uns das bieten
    lassen?
  – Das frage ich mich auch! Müssen wir immer alles hinnehmen,
    was von oben kommt?
  – Insbesondere was nicht kommt!
  – Meine entschiedene Meinung ist – nein!
  – Bravo!
50 – Wir sind schließlich erwachsene Menschen!
  – Das will ich meinen!
  – Wir haben ein Recht auf klare Verhältnisse!
  – Und auf ein eindeutiges Wetter!
  – Und wenn von selbst nichts passiert...
55 – Dann werden wir eben dafür sorgen, daß was passiert!
  – Und zwar mit Nachdruck!
  – Und notfalls auch mit Gewalt!

  – War das nicht ein Tropfen?
  – Ein Tropfen? Ich habe nichts gemerkt.
60 – Doch! Jetzt habe ich auch einen abbekommen.
  – Sollte es etwa Regen geben?
  – Das würde mich nicht wundern.
  – Tatsächlich, es fängt an zu regnen.
  – Schweinerei!
65 – Kaum ist's mal ein bißchen schön...
  – Immer das gleiche!
  – Tja, dann wollen wir mal...
  – Bevor man durchgeregnet ist...
  – Und sich womöglich noch einen Schnupfen holt!
70 – Mistwetter!

Das Wunder

Alpha, Beta, Passant, Mädchen, Geschäftsmann, Frau

Passant:	Entschuldigen Sie bitte, ist hier was passiert?
Alpha:	Nein, noch nicht.
Passant:	Meinen Sie damit...?
Alpha:	Gar nichts.
5 *Passant:*	Ich meine – wird noch was passieren?
Alpha:	Das ist nicht sicher.
Beta:	Das ist ganz und gar nicht sicher.
Passant:	Aber es wäre möglich, nicht wahr? Ich meine – es ist nicht völlig ausgeschlossen?
Alpha:	Nichts ist ausgeschlossen.
10 *Passant:*	Denn sonst, nehme ich an, würden Sie hier nicht warten.
Alpha:	Wir warten hier nicht.
Beta:	Wir stehen hier nur so.
Alpha:	Es ist reiner Zufall, daß wir hier stehen.
Beta:	Wir könnten ebenso gut woanders stehen.
15 *Passant:*	Ich verstehe! Darf ich Sie fragen: haben Sie eine Vorstellung von dem, was passieren könnte?
Alpha:	Haben wir, Beta, eine Vorstellung von dem, was passieren könnte?
Beta:	Wenn du mich fragst, so sage ich: wir haben keine.
Alpha:	Sie haben es gehört, wir haben keine. Man hat übrigens nie eine Vorstellung von dem, was passieren könnte. Aber wenn es Sie interessiert...?
Passant:	Ja?
20 *Alpha:*	Man spricht von einem Wunder.
Passant:	Was Sie nicht sagen!
Beta:	Aber man kann sich wohl kaum darauf verlassen.
Passant:	Sie meinen...?
Alpha:	Gar nichts.
25 *Passant:*	Ich meine: Sie sind skeptisch hinsichtlich eines Wunders?
Alpha:	Sind wir, Beta, skeptisch hinsichtlich eines Wunders?
Beta:	Wenn du mich fragst, so sage ich: wir glauben nicht an ein Wunder.

Alpha:	Sie haben es gehört, wir glauben nicht an ein Wunder. Übrigens gibt es keine Wunder.
Passant:	Ich verstehe. Ich glaube auch nicht an Wunder. Überhaupt: was für ein Wunder könnte das schon sein! Ich nehme an, Sie wissen auch nichts... Näheres?
30 *Alpha:*	Hast du, Beta, etwas Näheres erfahren?
Passant:	Vielleicht etwas über die Art des Wunders?
Beta:	Die Art des Wunders ist, soviel ich weiß, unbekannt.
Alpha:	Sie sehen: die Art des Wunders ist, soviel er weiß, unbekannt.
Passant:	Ich verstehe. Wie sollte das auch alles bekannt sein! Ich nehme nicht an, daß Sie etwas über den Zeitpunkt aussagen können?
35 *Alpha:*	Kannst du, Beta, etwas über den Zeitpunkt aussagen?
Beta:	Der Zeitpunkt des Wunders liegt, soviel ich weiß, nicht fest.
Alpha:	Sie haben es gehört, der Zeitpunkt des Wunders liegt, soviel er weiß, nicht fest.
Passant:	Ich verstehe, niemand möchte sich in solchen Dingen festlegen. Wenngleich ich mich natürlich frage... Ich wollte nämlich an sich gerade ein Pfund Tomaten kaufen.
Alpha:	Hast du gehört, Beta? Er wollte gerade ein Pfund Tomaten kaufen.
40 *Passant:*	Ich esse nämlich gern Tomaten.
Alpha:	Weil er nämlich gern Tomaten ißt.
Beta:	Sie wollten gerade ein Pfund Tomaten kaufen, weil Sie gern Tomaten essen? Verstehe ich Sie richtig?
Passant:	Ja, vor allem am Samstag. Am Samstag esse ich immer ein Pfund Tomaten.
Beta:	Und da heute Samstag ist...
45 *Passant:*	Genau!
Alpha:	Es geht uns ja nichts an, aber...
Passant:	Ja bitte?
Alpha:	Warum zögern Sie?
Beta:	Was hindert Sie?
50 *Passant:*	Sie meinen...?

Alpha:	Gar nichts!
Passant:	Ich meine: wären Sie der Ansicht, ich sollte besser gehen und die Tomaten kaufen?
Alpha:	Sind wir, Beta, dieser Ansicht?
Beta:	Ich weiß nicht, ob wir dieser Ansicht sein sollten!
55 *Alpha:*	Sie haben es gehört, wir wissen nicht, ob wir dieser Ansicht sein sollten. Soll man das Naheliegende tun? Wir wissen es nicht.
Mädchen:	Entschuldigen Sie bitte, ist hier was passiert?
Alpha:	Nein, noch nicht.
Passant:	Man spricht allerdings von einem Wunder.
Mädchen:	Ein Wunder – wie wunderbar.
60 *Passant:*	Man weiß allerdings nichts Näheres.
Mädchen:	Oh, das macht nichts.
Beta:	Kurzum – wir können Ihnen keine verbindliche Auskunft geben.
Alpha:	Wir stehen hier nur so zufällig.
Mädchen:	Aber ich bitte Sie, das ist doch selbstverständlich.
65 *Passant:*	Dürfte ich Ihnen wohl eine Frage stellen?
Mädchen:	Aber gern!
Passant:	Essen Sie... essen Sie gern Tomaten?
Mädchen:	Tomaten verabscheue ich.
Passant:	Sehen Sie! Sehen Sie! Sie verabscheut Tomaten! Vielleicht sollte ich jetzt wirklich gehen.
70 *Mädchen:*	Er liebt mich – von Herzen – mit Schmerzen – ein wenig – gar nicht – von Herzen – mit Schmerzen – ein wenig – gar nicht...
Alpha:	Wie gesagt, wir sehen keine Veranlassung zum Aufenthalt.
Beta:	Es gibt keinen Grund, das Naheliegende zu tun. Es gibt keinen Grund, das Naheliegende zu unterlassen.
Mädchen:	Wann wird das Wunder stattfinden?
Alpha:	Du, Mädchen, fragst uns?
75 *Mädchen:*	Wann, bitte, findet das Wunder statt? Sofort? Etwas später?
Alpha:	Wann, Beta, findet das Wunder statt?
Beta:	Der Zeitpunkt liegt nicht fest.
Alpha:	Du hast es gehört, Mädchen, der Zeitpunkt liegt nicht fest. Du solltest dich nicht darauf verlassen.

Mädchen:	Gewiß. Aber ich warte. Ich habe Zeit und kann warten. Das Naheliegende drängt nicht.

<table>
<tr><td>80</td><td>*Geschäftsmann:*</td><td>Entschuldigen Sie bitte, ist hier was passiert?</td></tr>
<tr><td></td><td>*Alpha:*</td><td>Nein, noch nicht.</td></tr>
<tr><td></td><td>*Mädchen:*</td><td>Allerdings, wenn Sie ein wenig Zeit hätten...?</td></tr>
<tr><td></td><td>*Geschäftsmann:*</td><td>Ich habe keine Zeit. Ich bin Geschäftsmann und habe keine Zeit.</td></tr>
<tr><td></td><td>*Passant:*</td><td>Man spricht nämlich von einem Wunder.</td></tr>
<tr><td>85</td><td>*Geschäftsmann:*</td><td>Aha.</td></tr>
<tr><td></td><td>*Passant:*</td><td>Allerdings weiß man nichts Näheres.</td></tr>
<tr><td></td><td>*Geschäftsmann:*</td><td>Kennt man wenigstens die Telefonnummer?</td></tr>
<tr><td></td><td>*Alpha:*</td><td>Kennt man, Beta, die Telefonnummer?</td></tr>
<tr><td></td><td>*Beta:*</td><td>Die Telefonnummer ist, soviel ich weiß, nicht bekannt.</td></tr>
<tr><td>90</td><td>*Alpha:*</td><td>Sie haben es gehört, die Telefonnummer ist, soviel er weiß, nicht bekannt. Außerdem: eine Nummer, das sind nur Zahlen. Und was nützen uns die Zahlen?</td></tr>
<tr><td></td><td>*Geschäftsmann:*</td><td>Meinen Sie...?</td></tr>
<tr><td></td><td>*Alpha:*</td><td>Gar nichts.</td></tr>
<tr><td></td><td>*Passant:*</td><td>Gar nichts.</td></tr>
<tr><td></td><td>*Geschäftsmann:*</td><td>Ich meine – lohnt es sich? Hat es einen Zweck? Ich habe nämlich sehr wenig Zeit.</td></tr>
<tr><td>95</td><td>*Alpha:*</td><td>Er hat sehr wenig Zeit, Beta, und fragt, ob es sich lohne und einen Zweck habe. Was sollen wir ihm darauf sagen?</td></tr>
<tr><td></td><td>*Beta:*</td><td>Wir könnten ihm zum Beispiel darauf sagen: es ist alles eine Zeitfrage.</td></tr>
<tr><td></td><td>*Geschäftsmann:*</td><td>Da haben Sie recht. Es ist alles eine Zeitfrage, das weiß niemand besser als ich... Übrigens: in meinem Büro, da ist so eine Tür...</td></tr>
<tr><td></td><td>*Passant:*</td><td>In Ihrem Büro, da ist also so eine Tür...</td></tr>
<tr><td></td><td>*Geschäftsmann:*</td><td>Meinen Sie...?</td></tr>
<tr><td>100</td><td>*Passant:*</td><td>Gar nichts!</td></tr>
<tr><td></td><td>*Geschäftsmann:*</td><td>Ich meine, ich frage mich, ob Sie das interessiert.</td></tr>
<tr><td></td><td>*Passant:*</td><td>Ich möchte mich nicht gern festlegen. Niemand legt sich gern fest.</td></tr>
<tr><td></td><td>*Geschäftsmann:*</td><td>Gewiß, gewiß, das ist verständlich. Ich wollte auch nur sagen: es handelt sich um eine Schwingtür.</td></tr>
</table>

Mädchen:	Wie lustig! Auf und zu und auf und zu.
105 *Geschäftsmann:*	Ja, auf und zu und auf und zu! Und jedesmal sticht's mir in die Brust.
Alpha:	Wie lästig!
Beta:	Wie unangenehm!
Geschäftsmann:	Genauer gesagt, jedesmal spüre ich einen Stich im Herzen.
Passant:	Das ist, in der Tat, bedauerlich.
110 *Geschäftsmann:*	Nicht wahr! Sie stimmen mir zu. Sie schwingt hin und her und auf und zu und jedesmal... jedesmal... Für wann, sagten Sie, ist das Wunder angesetzt?
Alpha:	Das, sagten wir, ist uns nicht bekannt.
Beta:	Das ist, wie gesagt, niemandem bekannt.
Geschäftsmann:	Nichts ist also bekannt. Man sollte sich beschweren. Die Dinge sind zu wenig bekannt, es fehlt an Information.
Alpha:	Da stimmen wir Ihnen zu.
115 *Geschäftsmann:*	Man weiß zu wenig, man erfährt zu wenig.
Beta:	Da geben wir Ihnen recht.
Geschäftsmann:	Man ist nicht auf dem laufenden, man ist nicht informiert.
Passant:	Das stimmt. Man wird nicht genügend informiert.
Geschäftsmann:	Man ist sozusagen allein.
120 *Mädchen:*	Das stimmt. Ich bin allein.
Frau:	Entschuldigen Sie bitte, ist hier was passiert?
Alpha:	Nein, noch nicht.
Frau:	Das dachte ich mir. Was hätte auch passieren sollen.
Passant:	Nun, es hätte ja zum Beispiel ein Wunder passieren können.
125 *Frau:*	Ein Wunder? Das hätte mich, offen gesagt, gewundert.
Passant:	Mich auch.
Frau:	Das glauben Sie doch nicht im Ernst.
Passant:	Natürlich nicht!
Frau:	Ein Wunder, hier und jetzt, das ist doch völlig unwahrscheinlich.
130 *Passant:*	Allerdings.
Frau:	Oder glauben Sie etwa daran?

Passant:	Wenn Sie mich persönlich fragen – nein!
Frau:	Ich auch nicht. Ich glaube schon lange nicht mehr an Wunder. Überhaupt, ich finde das skandalös.
Geschäftsmann:	Sie haben recht. So etwas ist unzulässig.
135 Frau:	Denn natürlich weiß man nichts Näheres?
Geschäftsmann:	Natürlich nicht.
Frau:	Und man kennt natürlich auch nicht den Zeitpunkt?
Passant:	Natürlich nicht.
Frau:	Sehen Sie, das habe ich gleich gewußt.
140 Alpha:	Ja, Sie haben es gleich gewußt, und Sie hatten recht.
Beta:	Ja, Sie haben sich nicht geirrt.
Frau:	Ich irre mich nie, und deswegen sollte man Wunder verbieten. Dinge, die es nicht gibt, muß man verbieten.
Alpha:	Das, allerdings, erscheint mir schwierig.
Beta:	Das, allerdings, erscheint mir nicht ganz einfach.
145 Frau:	Ich bin gegen die Hoffnung, gegen die heimtückische Hoffnung.
Passant:	Das ist Ihr gutes Recht.
Geschäftsmann:	Das müssen Sie selber wissen.
Mädchen:	Warum stehen wir hier?
Frau:	Wir? Was heißt wir?
150 Alpha:	Warum fragst du, Mädchen?
Beta:	Welche Antwort erwartest du, Mädchen?
Mädchen:	Warum reden wir?
Alpha:	Was sollen wir dir darauf sagen?
Beta:	Was könnten wir dir darauf sagen?
155 Mädchen:	Etwas Freundliches, etwas Gutes.
Passant:	Das Wetter, scheint mir, wird sich wenden.
Geschäftsmann:	Es wird sich möglicherweise zum Guten wenden.
Frau:	Das ist natürlich nicht erwiesen.
Geschäftsmann:	Nein, erwiesen ist es nicht. Immerhin, es ist nicht ausgeschlossen.
160 Alpha:	Nichts ist ausgeschlossen.
Beta:	Aber wir wissen nichts Näheres.
Passant:	Niemand weiß etwas Näheres.
Geschäftsmann:	Es hat keinen Sinn zu warten.

54

Passant:	Bis etwas passiert.
165 *Frau:*	Ob überhaupt etwas passiert.
Passant:	Darum werden wir jetzt gehen.
Geschäftsmann:	Und nicht länger auf ein Wunder warten.
Passant:	Denn es gibt keine Wunder.
Frau:	Nein, Wunder gibt es nicht.
170 *Mädchen:*	Adieu! Es hat mich sehr gefreut!
Passant:	Was hat sie gesagt?
Alpha:	Sie hat gesagt: Adieu!
Beta:	Und es habe sie sehr gefreut.
Passant:	Sonderbar!
175 *Geschäftsmann:*	Seltsam!
Frau:	Sehr merkwürdig!

Den Wortschatz der deutschen Umgangssprache erarbeiten mit dem

Grundwortschatz Deutsch

Jede Ausgabe bietet mehr als 2000 Grundwörter und 3000 idiomatische Wendungen des Deutschen mit ihren zugehörigen fremdsprachigen Entsprechungen. Für jeden, der vom Englischen oder Französischen, vom Spanischen oder Italienischen, vom Arabischen, Neuhebräischen oder Serbokroatischen her den Wortschatz der deutschen Umgangssprache erarbeiten oder wiederholend festigen will, ist die entsprechende Ausgabe eine unentbehrliche Hilfe. Wer den Grundwortschatz beherrscht, kann Deutsch verstehen, sich auf deutsch verständlich machen und etwa 90% eines deutschen Normaltextes verstehen.

Grundwortschatz Deutsch - Essential German - Allemand .fondamental
Von H. Oehler, Klettbuch 5196

Grundwortschatz Deutsch - Allemand fondamental - Vocabolario base tedesco
Von H. Oehler und I. Sörensen, Klettbuch 51966

Grundwortschatz Deutsch - Essential German - Alemán fundamental
Von H. Oehler und C. Heupel, Klettbuch 51967

Grundwortschatz Deutsch - Englisch - Neuhebräisch
Von H. Oehler, M. Ben Asher, in Zusammenarbeit mit M. Berlinger, Klettbuch 51913

Grundwortschatz Deutsch in sechs Sprachen (Deutsch - Französisch - Italienisch - Spanisch - Englisch - Russisch)
Bearbeitet von H. Oehler, I. Sörensen, C. Heupel und H. O. Vogt, Klettbuch 51965

EDITION DEUTSCH